ALPHABET
DES
PETITS ENFANTS.

PARIS,
GAYET ET LEBRUN, LIBRAIRES-COMMISSIONNAIRES,
RUE DES PETITS-AUGUSTINS, 6.

LETTRES.

Romaines.	Italiques.	Gothiques.	Anglaises.
A a	*A a*	𝕬 a	𝒜 a
B b	*B b*	𝕭 b	ℬ b
C c	*C c*	𝕮 c	𝒞 c
D d	*D d*	𝕯 d	𝒟 d
E e	*E e*	𝕰 e	ℰ e
F f	*F f*	𝕱 f	ℱ f
G g	*G g*	𝕲 g	𝒢 g

Romaines.	Italiques.	Gothiques.	Anglaises.
H h	*H h*	𝕳 𝕳	*H h*
I i	*I i*	𝕴 𝕴	*I i*
J j	*J j*	𝕵 𝕵	*J j*
K k	*K k*	𝕶 𝕶	*K k*
L l	*L l*	𝕷 𝕷	*L l*
M m	*M m*	𝕸 𝕸	*M m*
N n	*N n*	𝕹 𝕹	*N n*
O o	*O o*	𝕺 𝕺	*O o*
P p	*P p*	𝕻 𝕻	*P p*

Romaines.	Italiques.	Gothiques.	Anglaises.
Q q	Q q	Q q	Q q
R r	R r	R r	R r
S s	S s	S s	S s
T t	T t	T t	T t
U u	U u	U u	U u
V v	V v	V v	V v
X x	X x	X x	X x
Y y	Y y	Y y	Y y
Z z	Z z	Z z	Z z

SONS

OU VOYELES SIMPLES.

a, e, é, è, i, o, u.
â, ê, î, ô, û.

Ce signe ˆ indique que le son est long.

ARTICULATIONS

OU CONSONNES SIMPLES.

b, p, d, t, v, f, g, c, k, q, z, s, j,
l, m, n, r, x, h.

A, a.

ab, ac, ad, al, ap, ar, as, at.

EXERCICES :

ad-ju-re, ap-ti-tu-de, at-las, ab-so-lu,
al-ca-li, ar-me, as-pi-re, ac-te.

B, b.

ba, be, bé, bè, bi, bo, bu.

EXERCICES :

Ba-la-de, bé-ni, bi-pè-de, bu-se, be-sa-ce, bo-le-ro, bè-gue,

C, c.

ca, co, cu.

EXERCICES :

Co-lè-re, ca-ro-te, cu-mu-le.

D, d.

da, de, dé, dè, di, do, du.

EXERCICES :

Di-vi-se, de-mi, mo-dè-le, do-ci-le, du-ca-le, da-me, dé-li-re.

E, e.

ec, el, ep, er, es, ex.

EXERCICES :

Èc-cé, èl-le, èr-go-te, èx-cè-de, ès-ti-me, èp-ta-go-ne.

E suivi d'une consonne, se prononce comme è.

F, f.

fa, fe, fé, fè, fi, fo, fu.

EXERCICES :

Fé-li-ci-té, fi-cè-le, fo-lie, fè-ve, fu-ri-eu-se, fe-nê-tre, fa-mi-ne.

G, g.

ga, go, gu.

EXERCICES :

An-ti-go-ne, lé-gu-me, ga-lo-pa-de.

H, h.

ha, hé, hè, hi, ho, hu.

EXERCICES :

Ha-bi-le, hè-re, ho-no-ré, hi-la-ri-té, hé-lé, hu-mi-de.

Cette articulation est muette ; c'est-à-dire qu'elle ne se prononce pas.

I, i.

if, il, im, in, ir, is.

EXERCICES :

Il-lu-si-on, is-la-mis-me, if, im-mu-ni-té, il, in-né, ir-ré-gu-la-ri-té.

J, j.

ja, je, jé, jè, jo, ju.

EXERCICES :

Je-té, ja-vè-le, jo-li, jè-te, ju-gé, Jé-sus.

K, k.

ka, ki, ko.

EXERCICES :

Ki-lo, ka-lé, ko-ran.

L, l.

la, le, lé, lè, li, lo, lu.

EXERCICES :

Le-vu-re, lé-vi-te, lu-ci-de, é-lè-ve, la-me, li-bé-ra-li-té, lo-ca-li-té.

M, m.

ma, me, mé, mè, mi, mo, mu.

EXERCICES :

Mo-ra-le, mi-di, mè-re, mu-ti-né, ma-da-me, me-su-re, mé-ri-te.

N, n.

na, ne, né, nè, ni, no, nu.

EXERCICES :

Ne-veu, ni-ve-lé, né-go-ce, no-ta-bi-li-té, nè-gre, na-tu-re, nu-mé-ra-le.

O, o.

ob, oc, op, or, os.

EXERCICES :

Oc-ta-vo, ob-sè-de, op-té, os-té-o-lo-gie, or-ga-ne.

P, p.

pa, pe, pé, pè, pi, po, pu.

EXERCICES :

Pé-ta-le, pa-ra-si-te, po-li-ce, pi-lo-ri, pe-lu-re, pè-le, pu-di-ci-té.

Q, q.

Cette articulation est toujours suivie de *u*.

qua, que, qué, qui, quo.

EXERCICES :

Qui-é-tu-de, en-qué-rir, que-rel-le, qua-li-té, quo-ti-té.

R, r.

ra, re, ré, rè, ri, ro, ru.

EXERCICES :

Re-mè-de, ru-ra-le, rê-ve, ro-tu-re, ré-gu-la-ri-té, ra-re-té, ri-gi-de.

S, s.

sa, se, sé, sè, si, so, su.

EXERCICES :

Sa-la-de, sé-pa-ra-tion, Si-ci-le, se-mé, so-li-de, sû-re-té.

T, t.

ta, te, té, tè, ti, to, tu.

EXERCICES :

To-ta-li-té, té-mé-ri-té, tu-li-pe, tê-te, ta-pa-ge, ti-mi-de, te-nu.

U, u.

ul, ur, us.

EXERCICES:

Ur-ba-ni-té, ul-cè-re, us-ten-si-le.

V, v.

va, ve, vé, vè, vi, vo, vu.

EXERCICES :

Vé-ri-té, va-ni-té, ve-nu, vê-tu, vi-pè-re, vo-ca-le, re-vu.

X, x.

xa, xe, xé, xi, xo.

EXERCICES :

Ma-xi-me, ta-xé, fi-xa, in-é-xo-ra-ble, xé-nie.

Y, y.

A le même son que l'i.

EXERCICES :

Ju-ry, py-ra-mi-de, a-zy-me, sy-no-ny-me, sy-co-mo-re.

Z, z.

za, ze, zé, zè, zi, zo, zu.

EXERCICES :

Zo-di-a-que, zi-be-li-ne, a-zu-ré, zè-le, za-nia, zé-lé, ga-ze.

SONS COMPOSÉS.

Eu, ou, oi, an, in, on, un.

Ia, ié, iè, io, ui, ian, ien, ieu, ion, oui, ain, uin.

EXERCICES :

Pou-le, loi, jeu-di, din-don, lun-di, ma-man,

A-mi-tié, vio-lon, fiè-re, dia-ble, lui, vian-de, bien, Dieu, juin, foui-ne, loin, pion.

ARTICULATIONS COMPOSÉES.

Bl, br, pl, pr, ps, dr, tr, vr, fl, fr, sl, sp, st, sc, cl, cr, gl, gr, ch, gn.

Sph, spl, str, scl, scr.

Ct rs, rf, rc.

EXERCICES :

Prin-ce, li-vre, scan-da-le, stè-re, bra-vou-re, pli, psau-me, bleu, cré-dit, clô-tu-re, spec-tre, glu-ter, chat, grè-ve, i-gno-ran-ce, sla-ve, drô-le, tra-hi, gri-ve, flam-me.

Splen-deur, sphè-re, sclé-ro-ti-que, scri-be, stra-tégie.

Ex-act, nerf, turc, mars.

SONS ÉQUIVALENTS.

eu, œ, se prononce comme. . . . . e
er, ez. . . . . é
e, ai, ei, ey, et. . . . . è
y. ii
au, eau. . . . . ô
am, em, en. . . . . an
im, ym, yn, aim, ain, en, eim. . . . in
om. . . . . on
um. . . . . , ... un

EXEMPLES :

Seu-le, cœur. — Sou-per, ve-nez. — Mor-tel, ai-de, rei-ne, dey, bud-get. — Roy-au-me. — Au-be, man-teau. — Am-be, em-pi-re, en-fer. — Im-pur, tym-pan, syn-ta-xe, faim, le-vain, ti-en, pein-tu-re. — Om-bre. — Parfum.

ARTICULATIONS ÉQUIVALENTES.

Les consonnes doubles, bb, pp, tt, ff, ll, mm, nn, cc, rr, ss, se prononcent simples.

EXEMPLES :

Ab-bé, nap-pe, at-ta-que, af-fai-re, fol-le, som-me, bon-ne, as-su-ré, oc-cu-pé, bar-ré.

---

ph, se prononce comme.	f
g.	j
ç, c, sc, t, x.	s
s, x.	z
q, ch.	c
gu.	g

EXEMPLES :

Phra-se, ré-gi-me, fa-ça-de, ce-ci, scè-ne, po-tion, dix, toi-son, di-zain, coq, é-cho, guè-pe, gueux.

COMMANDEMENTS DE DIEU.

1. Un seul Dieu tu a-do-re-ras
   Et ai-me-ras par-fai-te-ment.
2. Dieu en vain tu ne ju-re-ras
   Ni au-tre cho-se pa-reil-le-ment.
3. Les di-man-ches tu gar-de-ras
   En ser-vant Dieu dé-vo-te-ment.
4. Tes pè-re et mè-re ho-no-re-ras
   A-fin de vi-vre lon-gue-ment.
5. Ho-mi-ci-de point ne se-ras
   De fait, ni vo-lon-tai-re-ment.
6. Lu-xu-rieux point ne se-ras
   De corps ni de con-sen-te-ment.
7. Le bien d'au-trui tu ne pren-dras
   Ni re-tien-dras à ton es-cient.
8. Faux té-moi-gna-ge ne di-ras
   Ni men-ti-ras au-cu-ne-ment.
9. L'œu-vre de chair ne dé-si-re-ras
   Qu'en ma-ria-ge seu-le-ment.
10. Biens d'au-trui ne con-voi-te-ras
    Pour les a-voir in-jus-te-ment.

FIN.

Typographie LACRAMPE ET COMP., rue Damiette, 2

A LA MÊME LIBRAIRIE :

LA BIBLE EN IMAGES

Lectures morales pour l'Enfance;

Un vol. in-48 orné d'environ 500 gravures exécutées avec le plus grand soin par Andrew, Best et Leloir, sur très-beau papier vélin.

Prix, cartonné, avec Couverture imprimée en Camaïeu :

1 franc 50 centimes.

Pour Spécimen des Gravures, voyez les Gravures de l'*Alphabet*.

Typographie de Lacrampe et Comp., rue Damiette, 2.

www.ingramcontent.com/pod-product-compliance
Lightning Source LLC
Chambersburg PA
CBHW061012050426
42453CB00009B/1393